Poemas do regresso

Geni Guimarães

Poemas do regresso

malê

Todos os direitos desta edição reservados à
Malê Editora e Produtora Cultural Ltda.
Editores: Vagner Amaro & Francisco Jorge

Poemas do regresso
ISBN: 978-65-87746-24-1
Capa: Logolândia design
Diagramação: Maristela Meneghetti
Edição: Vagner Amaro
Revisão: Kaio Rodrigues

Texto revisado segundo o novo Acordo Ortográfico da Língua Portuguesa.
Proibida a reprodução, no todo, ou em parte, através de quaisquer meios.

Dados internacionais de catalogação na publicação (CIP)
Vagner Amaro – Bibliotecário - CRB-7/5224

G963p	Guimarães, Geni
	Poemas do regresso / Geni Guimarães. – Rio de Janeiro: Malê, 2020. 140p.; 21 cm.
	ISBN 978-65-87746-24-1
	1.Poesia brasileira I. Título
	CDD – B869.1

Índice para catálogo sistemático:
I. Poesia: Literatura brasileira   B869.1
2020

Editora Malê
Rua do Acre, 83, sala 202, Centro, Rio de Janeiro, RJ
contato@editoramale.com.br
www.editoramale.com.br

O *Poemas do regresso* dedico para o Cuti e sua esposa Nete, pelos mais de trinta anos de amizade.

Sumário

Regresso 11

Sobre o só 13

Sexismo 15

Aspiração 17

Memorando 19

Aviso 21

Cadeira de balanço 23

Mudança 25

Reforma 27

Troca de opinião 29

Voo 31

Autorretrato 33

Sobre o Tempo 35

Ato cívico 37

Oração da rebeldia 39

Correspondência 41

Prelúdio da noite 43

Pressagiando 45

Nova Ordem 47

Sustento 49

Versos da indignação..51
Comunicado...53
Tardia..57
Chamego...59
Cochilo..61
Conciso...63
Ao pé do ouvido..65
Conteúdo..67
Causas...69
Discurso..71
Extremo..73
Passando a limpo 75
Holocausto...77
Coerência...79
Salmo da constatação 81
Sem mera coincidência 83
Pretejando..85
Periférico..87
Requerimento..89
Voz da sombra 91
Retrato..93
Ressonância...95
Da janela 97
Bicho de seda..99
Arquiteta 101
Contextuando...103

Versos do trato	105
Alados	107
Preventiva	109
Missão	111
Nação interna	113
Profecia pagã	115
Olho do espanto	117
Epílogo	119
Construtória	121
Só pra saber	123
Contemplação	125
Síntese	127
Noturna	129
Regresso 2	131
Trajeto da liberdade	133
Nenhum vivente dorme eternamente	135
Adereço	137

Regresso

Como quem se vê pela janela,
me resgato.
Regresso desatando laços,
espantada com o meu próprio espanto.
Não serei curta, nem breve.
Insaciável,
de novo sorverei o gole que me cabe,
prisioneira apenas das minhas próprias rédeas.

Sobre o só

O vento
entra bravio
e se enrola na cortina.

Sentindo o vento ventar,
na sala da minha dor,
dispo-me. Fantasmas e anjos
se abraçam no arranjo
das coisas que já vivi.

De minha janela me vejo.
Beijo o estático beijo,
tatuado no meu âmago,
às custas de choro e riso.

De espanto
gritam os quadros na parede.
O estofado perneta,
de soslaio sonda a mesa,
barriga recheada de versos tristes.

A cama, enrolada no lençol,
não me olha, não me chama,
não me envia um sorriso, por alento.

O que faço neste sepulcro,
cópia fiel do presídio, onde sou único detento?
Pra que a mesa,
o estofado perneta,
cadeiras sem usuários...
E a cama?

Ninguém me ama.

Sexismo

Invadiu-me e, sanguessuga,
brincou de sondar o meu orgulho,
babou em gosma meu jeito,
possuiu-me em sedosos pensamentos.

Da minha carência secular,
fez seu adereço de bronze,
expeliu mentiras adocicadas
e desfez meu escudo de mulher.

Mas, quando o corpo suado,
me tocou e, no contato,
todo em prazer se desfez.
Sem querer, servi o bicho,
mas sentindo cheiro de algemas,
em revanche vomitei.

Aspiração

Dar à luz a um verso,
que seja tão palpável e de tamanha exatidão,
que nele o próprio coração respingue,
e a seiva que me alimenta
seja brasa acesa, atenta,
ao gosto de ser pulmão latente.

Mais que tambores,
expresse a dor e a prece nos rumores,
fluidos do ventre de Palmares.
Que raízes e suores,
tragam intactos os amores,
desenhados nas nossas peles em fogo.

Que a palavra, dançarina,
incorpore o ritual das águas do meu batismo.
A escrita seja o espelho,
falada, o discurso mais sincero,
que a flâmula verde amarela
não me ensinou entender.

Quero cantar um verso,
que me retrate e se levante
contra o fechar das mãos sem dedos,
que rabiscam no cimento o choro dos inocentes.
Quero pôr todos os odores sobre a mesa,
trazendo à tona minhas aspirações de poetegente.

Memorando

Agora, suspeito eu,
fica mais fácil entender
o latejar do meu ventre,
vertendo café expresso, sem força de expressão.

Os meus atlânticos sem margens,
mortos de espantos e cantos,
que canto não sei por quê.
Fica bem mais evidente, o meu desejo tão quente,
de semear palavras nos corações safenados.

Portanto vale-me a pena
não descartar os meus sonhos pré-concebidos,
e a languidez adormecida,
nos gestos patritéticos.

Eu não quero mais soluções ambíguas,
porque nossas feridas,
Curamos com os nossos sais.

Aviso

Não leve ao pé da letra
todos os ditos populares:
"...a corda só arrebenta..."
"quem bate esquece,
só se lembra quem apanha"

Esses ditos muitas vezes nos enganam.
Nem sempre a corda arrebenta
e se arrebenta, a vida emenda,
com costuras de esperança.

Também, às vezes,
a mão que desfere o golpe
arde muito, arde tanto,
que quando se põe pra fora,
as costas da outra mão se vingam dela.

Pois é: quem apanha nunca esquece,
Mas quem bate pode vir a se lembrar.

Até porque não vou deixar.

Cadeira de balanço

Vesga, contempla o sol,
se inebria da beleza
que somente o teu ver
vê no mundo.

Pinta tudo
na infinidade das cores
que capta da natureza.

A sua lua,
é sem fases e sem eclipses.
Pura e boa, perdoa
a insensatez dos homens
na barriga do planeta.

Menina pena,
dá-me o teu néctar de alfazema
e me respira.
Brinca de brincar comigo,
rouba-me das nuvens e me acolhe plena.

Para irmã Cema, minha bússola.

Mudança

Desprendi-me do culto
que, na infância encharcada de visão alheia, rezava.
Voou-me do peito o próprio peito,
empanturrado de senhores e louvores sincretistas.

Casei-me nesse tempo,
com o riso sem saber o porquê,
e o desejo de querer seguir,
mesmo que fosse para lugar nenhum.

Mudei-me
para este tempo de fastios singulares,
ambiguidades e camadas de ferrugem,
agasalhando a vesga mundividência.

Hoje, decoro meu vulto,
transporte de sonhos pueris.
Desenho em mim meu atlântico,
projeto cânticos,
para ninar imbecis.

Reforma

É preciso arrumar o peito,
preservar o jeito de ser feliz.
Difundir o amor que dá rumo à vida,
e plantar no coração do homem
felicidades sem desespero.

É preciso impregnar a terra,
de paz e harmonia,
viver o dia a dia em constante construção.

Ser útero fértil,
pulmão e ventre,
recheados de certezas quentes
de um amanhã pleno de estrelas e luz.

É preciso derrubar muros, desativar cadeias,
varrer do ser o velho ranço,
triturar as teias,
que nos mesclam o desejo de ser bom.

Tatuar nas consciências
o direito de ser vivo com dignidade,
implantar nas almas das cidades
a leveza da fé
e a verdade fácil do sorriso.

Troca de opinião

Não me importa este medo sem sentido,
que a palavra em ti aflora
tua força sobre-humana
para me chamar de amigo.

Fica à vontade.
Morena, mulata, não tão preta, quase branca,
eu nem ligo.
Até porque,
é teu e não meu
o grito desesperado
que te estufa a veia do pescoço, de tão contido.

Teus disfarces se desnudam,
no encontrar-se comigo.
Tenho plantada uma bússola,
no interior do umbigo,
que em mim registra a farsa do pensado e não dito.

Pode fingir que me ama, que eu finjo ser teu amigo.

Voo

Doce suor que me escorre e some.
Sumindo, controle a cela que me vela
o sentimento.
Meu prazer terno e lento,
esconde-se da minha criança carente.

Sou, sem ti, pátria alienada.
Presa nas delícias esparramadas,
nos beijos que me beijaram,
nas mãos que me tocaram
e salpicaram de feridas boas e desejos alienados.

Dentro do berro rouco,
do tudo e quase nada que me tatuaram,
       sou rebelde.
Um dia ainda beijarei teu beijo escondido em mim.

Vou, assim,
quebrar correntes, desatar os laços,
ser prisioneira apenas das rédeas que me traço.

Autorretrato

Só por amor
te segui, passo a passo.

Não houve chuva que me molhasse,
curva que me barrasse,
encanto que me encantasse,
nesse caminhar de choro e sombras.

Não mais se deu
sorriso que me sorrisse,
nem braços que me abraçassem,
na ausência do teu abraço e do encanto que me encantava.

Assim, por tudo tornado nada,
pus pra dormir meu coração,
e desde então, quando de esgueio me olho,
vejo minha alma envergada de joelho.

Sobre o Tempo

Pensava nada,
quando se chegou meu pai,
pés descalços, chapéu roto,
e um bornal, recheado com jornais,
para que eu lesse tim-tim por tim-tim a biografia de zumbi.

Num instante me veio ela:
saia florida, rosas, cravos, margaridas,
(que, como eu, gostava de roupagens coloridas).

E foi num piscar de olhos
que me vieram meus filhos:
primeiros passos, dentinhos,
e o meu coração,
rasgado ao recebê-los no meu peito ninho.

Abri-me, e o meu gosto
provou as lágrimas que, de supetão,
se aninharam nos sulcos fundos do meu rosto.
Foi quando me despedi do meu eu mocinha.

Estava velha.

Ato cívico

Contudo, amo esta pátria,
respingada de lírico sentimento,
na busca utópica de bom dia e pão.

Irracionalmente,
Amo este chão de mal-amados, mal dormidos,
risos frágeis, disfarçados,
ante a presença do gozo desgozado.

Sofro com ela e nela,
pudor velado, e revolta e asco,
nas vezes em que me pego
dizendo "muito obrigado".

Carrego-me no colo,
camuflo sonhos que, então sonhados,
guardaram a virgindade
no cofre dos sentimentos ultrajados.

Oração da rebeldia

Lei áurea,
que estais nos livros,
santificando diversos nomes,
deixai a nós,
o nosso reino
pois não faremos a tua vontade,
aqui na terra nem lá no céu.

O pão nosso
de cada dia fazemos hoje.
Para convosco não termos dívidas,
nem para com ninguém,
que nos tenha ofendido.
Livrar-nos-emos do vosso mal.
Amém.

Correspondência

Se te sufoca,
este meu jeito soberano de ser gente,
e te espante,
meu peito arfante de liberdade e consciência.
Se te faz muito mal
nada posso fazer.

Sou urtiga, comigo ninguém pode,
florespinho.
Sugiro:
envia-me por sedex
o teu baú de frustração e ódio,
(rascunhos insípidos das infames tretas)
Mas fica alerta:
sou poeta. Tiro de letra.

Prelúdio da noite

Me veio agora, do nada,
esta questão pertinente.
No meu dormir, o que sou:
estrela, porta, janela,
ovelha, lobo, prostituta ou donzela?

Pássaro, formiga, brasa,
coruja, corvo, gato,
cobertor ou guardanapo,
faca, garfo, colher,
serei eu pé ou sapato?

Será que sou o amor que veemente difundo?
Serei o braço ou o abraço,
o estilhaço da terra?
Serei eu outro planeta no mundo?
Meu sono sabe quem sou? Ponto, vírgula ou traço?

Meu corpo do mim poeta,
brincará de amarelinha?
Será que dou ou peço?

quem me agride ou balança,
arruma ou desfaz-me as metas?

Quem em mim desfaz as tranças,
trançadas por minha mãe?
No meu dormir, quem sou eu:
pedra, escombro, buraco?
Quem me vela ou me revela....
Deus ou diabo?

Pressagiando

Um dia, hei de fazer versos
sem verbos, pronomes, sujeitos e predicados.
Não verão neles antônimos, sinônimos,
explicitude, nem metáforas.

Minha prenhez de voz
não fará ruídos.
Assim, então, os menos avisados
me perdoarão pelo castigo bom de ser poeta.

Nova Ordem

Deixai para a enxurrada
a sorte de nascer
depois da chuva,
e ao trigo
deixai a profecia de ser pão.

Daí, aos transversais
a sina simples
de ser simples semirretas,
e para as frestas dos porões,
a benevolência da miopia adquirida.

Embora o suor de todo fruto
nos salgue o desejo de cavar;
plantai.
Plantai por nós sementes raras.
Sou poeta,
e o que teço é ar, somente ar.
Embora tenha eu a graça de fluir,
só sei edificar nos sólidos
a certeza do vácuo.

Sustento

O que me move
é ainda a tênue esperança
de pastorear estrelas e traduzir o balbuciar das plantas.

Ouvir cigarras,
que se partem depois de cada canto,
calar o murmurar dos ventos
que me dão fantasmas quase em todas as madrugadas.

Mesmo assim, agora,
meu peito quase sem jeito
sonda a incerteza e se indaga,
sobre as cigarras partidas,
ventos que já ventaram...
Quem fui? Quem sou?
cadê meu cofre de mim,
meu poema, minha casa...
O que faço das asas?

Versos da indignação

Às vezes, se me insinuam desejos de aceitação:
concordar opiniões,
aceitar todas as versões da bula do comodismo.
Tento esquecer o cinismo
que a massa lança no friso do meu saldo devedor,
adequar o meu discurso à fala da burguesia,
fingir que os conformes todos são reais democracia.

Mas o oitavo sentido,
marcado a ferro e embutido
na placenta desta pele,
vai de encontro à minha raça,
enojada, estarrecida,
encurralada nos mangues dos artigos da justiça,
e o meu cansaço de engodo,
tropeça meu feto morto,
nos semáforos das avenidas.

Como atar o nó da venda,
se a minha prole só come
nos porões da sociedade,

e se ainda crianças,
batucam suas esperanças numa caixa de engraxate,
no rosto só traz segredos,
dos becos de marginais?
Como fingir, me calar,
se a mulher negra é amarga,
violentada a toda hora,
se lhes indicam que a sarjeta,
o duro frio da rua, são meras opções de vida?

Como engolir este trem,
que engole a minha etnia?
Como adoçar esta boca
que é salgada a toda hora
nas máscaras da embolia?
Como enganar esta dor,
nos corpos tornados calos,
nos peitos arfantes dos homens,
cujas pupilas lhe saltam,
gritos miúdos:
vim com fome, estou com fome, sou com fome?

Comunicado

Amigo, te comunico:
Não posso estar contigo
amanhã, na missa das sete.
Justifico: neste horário:
faço o café da manhã,
aquele, que alguém colheu,
depois transformou em pó,
e eu que acompanho o ciclo,
com afagos, o fiz líquido,
para a boca dos meus filhos
e dos amigos deles...

Não posso também porque
andorinhas do meu bairro
chegam falantes, em bando,
para com avidez comerem
as migalhas do meu pão,
que antes trigo e farinha,
desabrochou em alguma mão,
para me servir, graciosamente.

Amo este desconhecido que me alimenta de tão longe.

Pois é,
não estarei na sua igreja,
na cerimônia das dezoito.
É que neste exato momento
meu estômago põe-se a roncar,
e eu me ponho a preparar,
o jantar para a família.
Levo ao fogo meu arroz
que não sei quem fez com que
enfeitasse a minha mesa.

Literalmente,
é meu o pão que o homem, e não o diabo amassou.
Além do mais,
pode atrasar o teu evento,
e irremediavelmente eu perca
a despedida do sol,
deixo de agradecer a graça
do calor dos teus raios em mim
e no meu limoeiro que se dobra em frutos.

E se não fosse por isso,
como farei, que preciso,
receber tantas estrelas,
que à noite chegam voando,
e se derramam gostosamente em mim?

Peço desculpas.
Como você vê, se chocam
nossos temas de discursos.
São diferentes nossos motivos de oração.

Tardia

Pus-me a rever:
desde sempre, tudo na vida,
se me chegaram fora do tempo que pensava haver chegado.
Da minha boca, o peito,
me foi tirado quando ainda não sabia
que os lábios também podiam beijar.

Depois os sonhos chegaram,
quando já pouco sonhava
e o coração nem pressentia
a possibilidade do voo.

Agora
que este amor me adentra louco,
reclama o leite perdido,
pede, compulsivamente,
sonhos nunca dantes sonhados,
lesa-me o meu querer.
Empano a vergonha e o orgulho,
me engano e me consolo:
até as flores do meu maio
só soltam risos em julho.

Chamego

Chega à tardinha,
derramando sorrisos,
tecendo elogios arquitetônicos,
esboçando suspiros,
entregando elogios,
tecidos no caminho enquanto vinha.

Gestos programados,
insinuações veladas,
pra quebrar minha espada de defesa.

Vai alta a noite,
as luzes se apagam; o mundo cochila,
me envolve com preguiça,
libera outro sorriso.

Tudo e nada pra fazer, me abro.
Não é à toa. É porque preciso.

Cochilo

Vai alta a noite.
O vento, num açoite,
fere o rústico da janela.

Uma lagartixa,
desata a boca
e canta, rouca,
uma música que nunca ouvi.

Tem dois gatos namorando no telhado.
Hoje as cigarras não sibilam,
pra não distraírem a estrelas,
que assediam a lua.

Quase silêncio.
O planeta cochila
dentro do mundo que descansa.

A espinha se me enverga, sinto frio.
Ainda bem que você me ama.

Conciso

Agora, concluo eu
que os doutores me sedaram a alma,
e a química da calma
enfartou-se.

Tento combinar comigo:
dia sim, dia não,
cantarei versos miúdos, posto que tudo o que era grande,
apequenou-se.

O próprio ópio da dor que se plantou
mudou.
Pouco faço, pouco tenho,
desfez-se o empenho para um verso de amor.

O bem que plantei e o mal que me fizeram
estão entrelaçados, brincando de pega-pega,
no coração, minha casa. Não voam.
Falta a ponta da asa.

Ao pé do ouvido

Perdoa-me, meu amor,
mas meu coração não permite
que o meu ver verseje um verso,
em memória a você.

Impossível reversar o útero
e desplantar as sementes
que, com sofreguidão e carícias,
plantastes em mim.

Também assim, impossível,
em memória, registrar,
a euforia com que vimos,
o despontar dos dentinhos,
nas bocas dos meninos.

Como, em memória, descrever,
teu perdão dos meus pecados,
e a tolerância muda
quando eu, a qualquer hora,
me recolhia e te deixava,

para dar luz a um verso,
que explodia em mim?
e que depois parto feito,
acolhias no teu peito,
minha alma leve e livre?

Contudo, te agradeço
por permitir
que o mutilar dos teus membros,
abrisse chagas em mim,
para contigo caminhar
num dezembro repleto de amargor.

Vai. Com certeza tua mãe,
te dará colo de novo,
preparará um chamego,
numa canção de ninar,
para que possas dormir,
até que eu possa chegar.

Conteúdo

Para que me incluas,
é preciso que te mudes
para o dentro do meu dentro.

É preciso que te dispas
de adereços antigos,
conceitos distorcidos,
incubados no peito dos desprecavidos.

Necessário se faz
que te vires do avesso,
e te mudes por inteiro,
no pulsar das veias que me impulsionam.

Tens de portar
braços que me abriguem,
cheiros que me cheirem,
pulmões que te respirem em cada meu respirar,
assimilar meus andares,
entender meu ir, meu vir, meu ficar.
viver a minha vida. Me viver.

Causas

A negação dos passos,
o abafar dos sons em nossos ouvidos,
o esconder de bombas ainda não detonadas,
nos penduram em prédios partidos
e encaixam nossas dores,
entre a voz e o silêncio do mundo.

Discurso

Por isso peço o teu voto (dizia ele),
lutarei por menos juros,
eu lhes darei casa própria,
empregos não faltarão,
e todos trabalharão só com carteiras de registro.

Sou pela diversidade.
Sirvo ao senhor, sou cristão!
caminharei, lado a lado,
com o nosso irmão de cor...
E por que não o faria?
Afinal, somos irmãos.

Lá em casa, nada temos contra o pret...
o pessoal que nos serve é tudo gente de cor:
a faxineira, jardineiro, lavadeira,
sentam-se à mesa conosco,
desde o cachorro que temos,
os trata com muito amor.

As promessas, de repente,
foram ficando encolhidas,

miúdas, desenxabidas,
quando leu a minha vida,
no raio do seu olhar.
Dei-lhe um tiro certeiro
que o atingiu em cheio
no meio da consciência.

Ninguém sabe, ninguém viu.
Por prevenção,
o matador se guardou,
encolhido, escafedeu-se.
Do contrário,
os cegos, por conivências,
sem dúvida declarariam
que o assassino sou eu.

Extremo

Me peguei estes dias
cheirando as tuas roupas,
fumando com cautela
para não nicotinar
o néctar dos teus beijos em minha boca.

Dei pra te ver,
me ter a qualquer hora, em toda parte:
nos cantos do jardim,
nos tapetes do chão,
na tampa do fogão,
na gaveta da escrivaninha,
onde guardo poemas e pasquins.

É você nos meus sonhos, quase alucinação,
no meu teto, no meu colo,
no rumo abscreto, entre o doce e a razão.

A água da torneira,
a uva na fruteira,
o feijão da feijoada,
o café na cafeteira, só você.

Em horas esquisitas,
te encontro e no âmago te semeio,
para sentir-te adentrar
e umedecido, descansar em mim.

Passando a limpo

Quando eu morria
de vontade de morrer,
tanto fazia.
Raivas camufladas,
olhares de desdém,
gestos simulados;
eu nem via.

Portas trancadas,
corredores estreitos,
risinhos amarelados
rasgando bocas fechadas,
espadas ensaiando cortes na escuridão de mim,
eu nem via.

Mas, de repente,
me afloraram na mente
tudo aquilo que não via,
quando eu morria de vontade de morrer.
Olhei de frente todos os dentes
que ensaiavam mordidas no anonimato.

Costurei bocas,
rasguei silêncios,
e se houver ainda um vestígio de remendo,
eu desremendo.
Que enlouqueçam todos de mau agouro,
estou em pé. Por desaforo.

Holocausto

É como reação alérgica.
Não houve quem me contasse,
não houve quem me apontasse
o arrombo no meio do peito.

Nada que denunciasse
os ventres cheios de vento,
o esbugalhar dos olhos
repletos de incredulidade e medo.

Ninguém me disse: eu sou lá
dentro dos sangues jorrados,
nas amputações dos dedos
números cortes segredos,
no hemisfério sul do coração.

Magia, milagre, instinto,
não estou lá. Eu sou lá.

Não adivinho ou pressinto.
Muito mais que pressentir, eu sangro.
Eu sinto.

Coerência

É preciso sofrer e viver
toda a lama e prazer,
segurar os minutos,
comer casca e fruto
da estadia.

Ter pulmão
pra suportar o voo da cratera,
umedecer com leite e sangue
a emoção parida no desvelo.

Necessário se faz
desvestir a urgência,
grampear sussurros de clemência,
ter a decência
de rever a vida com dignidade.

É preciso
dar ritmo aos gestos,
adivinhar as raízes do afeto,
tatuar os momentos,

guardar os pensamentos
em redoma de vidro.

Não esquecer de lembrar
que o real de quem ama,
e ser ferro e cristal,
aço e porcelana.

Salmo da constatação

É bíblico:
salvo será
o que vive na integridade,
pratica a justiça
e de coração fala a verdade.

O que não difama,
não faz mal ao próximo
nem lança injúria contra o seu vizinho.

Não aceita suborno contra o inocente,
não rouba, não mata,
dispõe sobre a sua mesa somente o que é seu.
Não se ufana com ilícitas conquistas,
etc. etc. e tal.

Daí fiquei pensando:
qual será o tamanho do inferno?
caberão nele todos os racistas?

Sem mera coincidência

Estou no tempo
de ouvir todos os dias lembretes de alertamento:
Cuidado com os degraus!
Olha a altura da guia!
tira os tapetes da sala.

Não vá dormir muito tarde,
não atravesse a avenida.
"senhora, pode passar na minha frente".

Tá precisando de ajuda?
mãe, espera que eu te levo.
E os remédios, já tomou?

E assim, mesmo que eu quisesse
deixar de contar o tempo, de modo algum poderia
me esquecer de que estou velha.
A sociedade me envelhece todos os dias.

Pretejando

Foi de leve, na surdina,
que em meio à carapinha
surgiram
um fio aqui, outro acolá...

Lembrei-me:
já acima dos setenta,
a gente não mais aguenta
tal invasão repentina
no topo da cabeça.

Não vacilei:
O que pude arrancar, arranquei,
o que não pude,
afoguei na tinta preta.

Cortei o mal na raiz (muito antes que o mal cresça).

Eu não vou viver com intruso
rondando a minha cabeça.

Periférico

Abre-se a porta,
uma mulher, que de tão branca transparente,
por ela sai, e o cão,
na outra extremidade da coleira,
abana o rabo negro e ri.

A cabeça (dele)
jabuticaba encurralada,
(a dela) uma penugem rala e alva.

De repente,
se atropelam,
e num tropeço,
o cão de supetão
se solta e corre.

Engole as ruas,
e vai aqui, ali, acolá.
Cheira o chão
e o frango, que rebola,
na barriga quente da churrasqueira.

Ganha a cidade,
sedento de liberdade e pão.
Mas cá pra nós,
que inveja sinto desse cão.

Requerimento

Senhor Poder,
já que posso e conquistei o direito,
protesto veemente, em rebelião sem tréguas,
contra uns pequenos descuidos
que circulam a passos miúdos,
e feito cactos selvagens
cresceram e se enraizaram
na infância do meu peito.

Exijo que se escancare todas as portas e janelas,
para que, por elas, saiam,
lodosas aulas de ferro,
verbos, sem similares sentidos,
e que se esclareça a diferença,
entre o vir e o ser trazido.

Porque do muro, quero a queda de concretos,
Não mais discursos de ambiguidades, controversas controvérsias
e metáforas,
histórias malsucedidas.

Entre a palavra e o som,
entre a escrita e o sentido,
quero ter zumbi dançando,
Mandela ensinando o ritmo,
Gilberto Gil sapateando,
pés descalços, irreverentes.

senhor poder,
posto que o tempo urge a verdade arde em pressa.
me despeço.
Caso não volte, (toda pista sei, tem curvas)
terás em mãos,
uma via da missiva
e... por nada não,
outras vias reservei
para usufruto dos netos dos meus netos.

Voz da sombra

Mal saídos do ventre,
semearam, em nós,
bruxas, mandingas, bicho papão.

Nos instalaram, no âmago,
o medo do escuro, do muro,
do lobo mau e do saci Pererê...

Depois nos deram
a insegurança dos passos,
que dita regras na rota que traçamos.

Existe um limite no ar que ao andar caímos,
sem que tropeçamos.

Um revólver na nuca,
alfinete nas costas que cutuca e se esconde,
e temos, num lugar que não sei onde,
imensas grades,
milhões de celas,
das quais sentimos o ferro.
Sentimos. Mas não vemos.

Retrato

Há no dentro do meu dentro
o sêmen insolúvel da hereditariedade,
e em gozo do meu gosto,
gozo gostosamente o imutável.

Na frente, atrás, em tudo,
carrego, altivo, soberano e leve,
o corpo que em mim se fez.
Não há vento que me vente,
ou me entregue.

Nenhum desgosto alheio,
olhar de esguelho,
estanca o jorrar livre do meu puro negro,
até porque minha memorável sina
é este negrume que me ilumina,
e ilumina tudo o que há em mim.

Ressonância

Enquanto posso pensar,
escrevofalo.
Tiro as amarras dos nervos
e as sustento em fogo brando.

Poefaço
minhas histórias,
dou aos meus netos, Zumbi
com seus feitos de bravura e glória.

Enquanto posso pensar,
falescrevo,
reencarnando Mandela,
pintando uma nova tela
para enfeitar os peitos dos meninos.

E quando não mais puder
hastear na fala esta bandeira,
sacudir toda a poeira,
despejada sobre nós, então,
daí então, os passos que andei, os gritos que gritei,
regerão a orquestra da descendência.

Meu replante, meu transplante,
trovoarão.
Mais que trovão, serei o eco.

Da janela

Nem chuva, nem vento.
O sol adentra e se assenta,
para cochilar na minha sala de visitas.

Vendo a lerdeza e o sem pressa
que mastiga a natureza,
também eu me mudo para o coração da nostalgia.

Saudade minha de mim:
cirandei, pulei amarelinhas,
tremi de medo do bicho papão.

Ainda bem que nesta hora me vem,
um poema, também lerdo,
que me acorda.
Sem alternativa, registro meu nu-fadiga.

Bicho de seda

Nascia. Um certo dia,
emoção forte me causou vertigem,
mamei minha mãe na fonte,
de leite fiz um verso virgem.

Dos rios mastiguei os córregos,
dos sóis sorvi dourados bicos,
tomei do alfabeto os símbolos,
com eles fiz um verso rico.

Mas da primeira cobra armada em bote,
aprendi as contorções molengas,
tomei da angústia, vida fluída,
fiz um verso duro, capenga.

Sou hoje colheita descoberta,
dos amores de outrora, nas fazendas,
extração dos capitães do mato
e dos de areia de Jorge.
Explico:
Sou poeta. Um bicho de seda que explode.

Arquiteta

Sondadora do mundo (embora aguda e suspeita),
teço palavras
para, nas curvas das asas,
reinventar o paraíso.
Na arquitetura que esboço,
nada é curto, breve ou efêmero.
O infinito será a meta,
Para satisfazer as aspirações dos homens.

Tudo é lícito e transparente,
como o meu sonho:
nenhum recado furtivo,
passadas bizarras,
esquisitices na entrega.

Nada de choros, lamentos,
gritos, sussurros, suturas e cirurgias,
posto não haver ferimentos.

Todo coração estará de prontidão,
para cingir alma lisa, leve e transparente.

Todas as mãos serão abertas,
para dar, receber, acariciar,
e, sobretudo, amparar na queda.

Contextuando

A rejeição de hoje
nos olha de esgueio,
olho na nuca, coração na testa,
não anunciam o meio de se defini-la.

Fica atento:
a rejeição nos olha de esgueio,
à procura de um meio de nos lesar.

As gargalhadas contidas,
aquela torcidinha disfarçada no pescoço,
como quem quer dizer, será?

É preto, mas é esperto,
cabelo nem tão ruim,
preto de alma branca,
diabo a quatro, espelunca...
Fica atento.

Pois a nós, o que nos baste,
é a dignidade imutável,

nos vestindo dentro e fora,
derrubando muros, tapando bocas.
Este cofre ninguém nos rouba:
é doce que ninguém come
ninguém lambe, ninguém vê,
ninguém pode saborear. Só eu e você.

Versos do trato

Bem que eu queria
um sonho intenso, e um raio vívido,
porém meu eu-poeta
se enrosca na trança do que preciso.

No meu querer, tropeço,
quando imberbes meninos
engolem tiros no peito, e
num cochilo se vão, sem gritos.

Sim. Concordo. Sou persistente.
É que incrustadas de descasos e mentiras,
as ruas silenciam, displicentes,
o ronco da fome gritante na barriga da minha gente.

Mas armada de alfabeto, vivo na espreita.
Traduzo intenções veladas,
Tiro do sol a peneira,
Continuo passo a passo,
portando minha bandeira:
Sou inteiramente negra. Brasileira.

Alados

Embora seja rasa a praia,
braçadas limitadas,
nadamos.

Rasgamos farpas,
rompemos arames esticados no peito.
Do nosso jeito,
calçamos sapatos e vamos.

Penduramos em altos muros,
pingos da nossa noite.
Rejeitamos bilhetes/recados,
alegorias suspeitas,
retiramos da mochila desejos obscuros.

Nessa abrangência, alados,
pássaros pretos, abelhas e borboletas,
rompemos os limites que nos deram.
Não nos atingem sorrisos salafrários
de gigantes mal dormidos.

Estamos, somos e vamos,
sem amuleto ou muleta.
É. A coisa tá preta.

Preventiva

Sob pena de justiça, confesso,
ando armada.

Medo de tiros perdidos,
malandragens, emboscadas,
sorrisos ambíguos,
pés pisantes no meu rastro.

Confesso: ando armada.
É que vítima de suspeitas,
de tretas que eu já vivi,
num repente, semivisíveis serpentes
lançam botes sobre mim.

Sei lá. Alguém pode até pensar,
que eu roubei a liberdade,
que era e sempre foi minha.

Assim, se o obscuro me sonda,
me controlo e faço a mira,
e cara a cara com o sujeito,

Tiro do bolso um poema
e atiro bem no meio do seu peito.

Missão

Que eu tenha a humildade
de servir sem protestar,
tenha na alma a virtude
de ver, na crítica, incentivo para crescimento.

Que eu possa falar da Pátria,
com carinho de filho e orgulho de mãe.

Que eu alcance a graça
de amar ao próximo como ponto de partida
do meu amor por mim,

Seja eu digna, íntegra e coerente
na sublime missão de semear,
propague justiça,
posto que ser justo,
é o nobre ofício de existir com dignidade.

Nação interna

Cá fora,
sou ovelha desgarrada.
Minhas amarras
se liberaram ao som das minhas asas.

Passional,
minha casa é dentro de mim,
porque assim nasci, aberta por dentro.

Não há tempo que me envelheça,
nenhum verso que eu respire em vão.
O meu canto, canto pra mim,
e me espanto com o som rouco
da minha vida em versos.

Às vezes, tropeço em mim
e o meu eu caído, sem grandes cortes,
lava o gemido e se levanta.

Não há queda tamanha,
que me tire o chão.

Profecia pagã

A ciência da lerdeza,
cutuca a paciência dos que não temem.
É que cá dentro
se expandem fagulhas aleijadas do eterno fogo.
A insensatez, cansada de adolescência,
costura a tese e recria o jogo.

Mas a peneira posta à beira,
separa lentamente o joio do trigo,
embutidos nas artérias.
Das florestas de nós, surgirão aos montes,
as agonias de todos os horizontes,
que esconderam do sol.

Daí, então,
teremos pão, verso, luz,
nem uma cruz enroscada,
na emboscada de outros.

Falando em outros,
não haverá senha que os livre

da verdade, na pele da justiça.
Nada e ninguém os poupará,
do espinho pontiagudo,
desmentindo o amém das suas missas.

Olho do espanto

Sei que te indagas, em reprimido silêncio,
de onde me vem a dança,
no versejar.
A estranheza xereta,
de gostar de cara preta,
construir com linhas novas,
tecidos de esperança.

Sei que de espanto te cansas,
do seu leão de tocaia,
sedento de explicações que te valham.

Ainda sei que no fundo do teu profundo,
vagueia desejos prementes
que este meu sorrir de gente, caia.

Atira fora teu resquício de esperança,
de me podar e tirar a seiva do meu broto.
Herdei semente plantada,
no ventre da minha mãe.
Ser assim misto de pássaro e fera,
E imutável. Antes de nascer, já era.

Epílogo

Recuso-me, à noite,
vestir-me a caráter,
desligar a tevê e ir pra cama

Mete-me medo,
o fechar das portas,
me fechar para me abrir de novo,
exposta na gema deste ovo,
de hipocrisia e zorra.

Tenho medo
que num repente,
se rompam as vertentes,
e que da noite para o dia
o Criador se canse,
e o mundo morra.

Construtória

Andamos carentes.
O passo da justiça se demora,
enquanto dentro e fora
agonizam as nossas aspirações de gente,

Só posso agora
escancarar o peito, soltar meu bem-que-vi
e me calar por fora.
Porém, no falso cochilo,
planejo inserir o húmus no âmago da semente.

Verei ainda (em meio ao falso cochilo)
o fruto brotando vida, curando todas as feridas,
plantadas, cruelmente, no umbigo frágil dos inocentes.

Só pra saber

Como ilustrar um texto
que não li, não escrevi,
não atuei em parceria?

Como entender, sem ter fome,
o ronco na barriga
da barriga vazia?

Contemplação

No canto da sala toda iluminada,
se agita nervoso,
eu, mãe, percebo:
Está querendo andar.

Indeciso se agita,
sorri, abre os braços,
e em meio ao aroma que vem da cozinha,
Eu grito: Caminha meu filho, caminha!

Então meu menino,
sorri, dá um passo,
palmilhando a sala, tim-tim por tim-tim.
se chega ofegante, braços abertos,
e repousa em mim.

Síntese

Não se pode consegui-lo nas igrejas,
nas praças.
Também não,
nos shoppings,
sites de relacionamentos,
nem nas feiras de artesanatos,
que de tão leve, não pesa,
de tão perene, intocável.

O amor é caro e raro,
e, por incrível que nos pareça, é gratuito.

Noturna

Vai alta a noite.
Chuvisca, e o gotejar,
alisa o rústico da janela.

Uma lagartixa, desata a boca
e rouca, entoa um hino que nunca ouvi.
(mentira, que lagartixa não canta).

Não tem hoje, gatos se amando no telhado,
e cigarras fizeram um trato:
nada de sibilar na minha rua,
para não distraírem as estrelas
enamoradas da lua.

 Estou só

Meu quarto é vácuo e vago.
Escondida no meu corpo, estômago oco,
Flutuo sobre o colchão,
envergado sobre a cama.

Sinto frio.
Ainda bem que você me ama.

Regresso 2

Cansado
das reuniões de negócios,
conchavos de empreendimentos,
faço ou não faço,
neste caso investimento,
chega.

Sonda na mesa o jantar:
arroz com frango e quiabo,
omelete, saladinha de agrião
e o pão, que sempre amou,
umedecido no caldinho do feijão.

Suco fresco de acerola,
limão, laranja, abacate,
degusta, polidamente,
as guloseimas da infância,

Mesmo tudo sobre a mesa,
minha sede não sacia.
Na verdade o que eu queria,

era acomodá-lo no colo,
e alimentá-lo em meu peito.

Trajeto da liberdade

Trouxeram-nos,
quando o hímen (nosso e da terra),
latejava inocência e timidez.
A puberdade (nossa e dela),
arrancaram a ferro e fogo,
e servida foi, aos gozos dos estranhos.

Nossas entranhas e vontades, liquefeitas,
regaram canaviais,
e nosso espanto de súbito,
explodiu açucarado aos olhos
da morbidez incontrolável dos súditos.

Mentes e línguas retalhadas,
Vestiram com outras roupas,
para nos tirar da boca
qualquer resquício de africanidade.

Comido foi o que de bom havia:
o Deus que nos valia, o coração sem safena,
e a certeza plena,
de estar em sono profundo todo dia.

Nenhum vivente dorme eternamente

Nos despertamos,
refizemos nossos corpos,
restauramos nosso peito,
do coração arrancamos as safenas,
e fazemos hoje a verdadeira abolição.

Adereço

Se ao cantar meu canto, sangro,
denuncio frestas, desarmo armadilhas
apago, sutilmente, os traços do giz nos muros,
se a palavra me vem molhada de vinagre
ou encharcada de partículas de fé,
a culpa não é minha.

Se ao respirar o ar me vem pesado,
impregnado de saudades ancestrais,
e as molduras dos meus quadros,
me mostram fotos das celas na cadeia,
nada posso fazer.

Realmente não é minha a culpa,
e se de líquido entendo meu suor,
se do branco só me vaza o gesso,
se padeço de injustiças e misérias...

Se a minha saliva se faz corpo
e se transforma, num piscar, outra matéria,
a culpa não é minha.

são artifícios para quebrar espelhos,
e partir as correntes das artérias.

Esta obra foi composta em Arno pro Light 13 e impressa pela
RENOVAGRAF para a Editora Malê em junho de 2022.